NOTICE
SUR LA SAINTE-BAUME,

Lue à la Séance publique de l'Académie royale de Marseille, le 31 août 1817; par M. le comte de VILLENEUVE, préfet des Bouches-du-Rhône, membre de l'Académie de Marseille, de la Société d'agriculture, sciences et arts d'Agen.

Dans un moment où des regrets si naturels, si légitimes, se dirigent vers les antiques monumens que la révolution a frappés de sa hâche destructive; quand le zèle des bons et vrais Français s'efforce de réunir et de réédifier quelques débris de ces ruines vénérables, on lira peut-être, avec d'autant plus d'intérêt, une description de la Sainte-Baume, que ce lieu, indépendamment de la tradition du séjour qu'y fit Ste. Magdeleine, mérite quelque attention, sous le rapport des souvenirs historiques et de son site éminemment pittoresque. C'est un pélérinage que peu de Provençaux se dispensent de faire, et nous allons essayer de décrire tout ce qui nous parut digne d'être remarqué dans la visite que nous y fîmes (1).

La Sainte-Baume est située sur le revers septentrional de la montagne de ce nom, dans le territoire de la commune du *plan d'Aups*, et presque sur la ligne divisoire des Bouches-du-Rhône et du Var; elle fait

---

(1) En octobre 1816.

partie de ce dernier département. On y arrive, de ce côté, par *Tourves, Saint-Maximin, Nans*; cette route, qui est la moins mauvaise, fut réparée quand Louis XIV vint visiter cette contrée. Les villages d'*Auriol, St.-Zacharie*, servent aussi de communication pour y aboutir d'*Aix* et même de *Marseille*; mais quand on y vient de cette dernière ville, on passe ordinairement par *Gemenos*; on traverse, dans toute sa longueur, le délicieux vallon de *Saint-Pons*; on gravit, par des rampes ouvertes à travers les rochers et ombragées de pins, le baou (1) de Bretagne, et on se trouve, après environ trois heures de marche, depuis *Gemenos*, dans une plaine ou plutôt dans un vaste bassin formé par plusieurs collines; ce serait même un lac pendant la saison des pluies, si la nature n'avait pratiqué, à l'une des extrémités, une ouverture et un canal tortueux; on n'en connaît pas la direction dans les flancs souterrains des rochers, mais on présume néanmoins que c'est là l'origine de plusieurs ruisseaux ou petites rivières qui arrosent les territoires environnans.

Le couronnement de roches calcaires, où est située la Sainte-Baume, est supporté par un coteau à pente douce, formant jadis une immense forêt; mais elle a été fortement restreinte pendant la révolution par les défrichemens, les ventes partielles et les dégradations qu'il a été si difficile d'empêcher dans des lieux éloignés de toute habitation. Cependant ce bois, tel qu'il est, offre encore des agrémens remarquables dans un site si agreste et si romantique; c'est sous des voûtes de verdure formées par les branches des

---

(1) *Baou* signifie en français une masse de rochers.

chênes, des pins, des érables, des houx, des ifs, qui forment la forêt; c'est par une montée assez douce que se dirige le chemin à parcourir par le voyageur, dévot ou curieux; ces arbres sont antiques, de la plus belle taille, et le mélange de leurs feuillages, dont les formes, les couleurs, les caractères varient singulièrement, présente, par l'harmonie des contrastes, un ensemble qu'on chercherait vainement ailleurs. Dans les vides que la nature ou la destruction ont laissés, entre ces magnifiques tiges, qui ressemblent assez à des colonnes couvertes de mousse, on voit d'énormes blocs de rochers détachés des parties supérieures par des orages, et les plantes rampantes, les ronces, les capillaires, les scolopendres, les fougères qui s'en sont emparées, semblent les orner de guirlandes et de festons; sur un sol fécondé par le détritus des végétaux, croissent (1) plusieurs plantes ou arbustes que les botanistes recherchent dans les montagnes alpines ou sous-alpines. Quelques claire-voies laissent apercevoir, d'un côté, les reflets d'une roche blanchâtre et les ruines du monastère; de l'autre, les montagnes de Ste.-Victoire, les chaînes qui y aboutissent, les vallées qui leur sont inférieures et plusieurs villes ou villages. Que de souvenirs viennent se retracer à l'observateur, quand, entraîné par la plus douce rêverie dans ce paysage si beau de sa primitive simplicité, il cherche à se rendre compte de ses sensations!

---

(1) La grande thymélée vrai gazon des officines, l'hemionite, l'osmonde, les orchis, les lis, les narcisses, la verge d'or, la bétoine, la véronique, la scabieuse, le sureau, l'hièble, la bella-dona, la petite livèche, la petite roquette, le sceau de Salomon, la mercuriale des montagnes, les globulaires, les anémones, les violettes, les cytises, l'cinerus, etc.

Une Sainte, célèbre par sa naissance, ses richesses, sa beauté, ses erreurs, son repentir et sa pénitence, vient du fond de la Judée se réfugier sur les rives d'un état fondé par les Phocéens, et alors occupé par les Romains; transportée, dit-on, d'une manière miraculeuse, elle y demeure 33 ans et y termine sa vie dans les prières, les larmes, les austérités et la pratique d'une religion dont la sublime morale allait s'étendre sur toute la terre (1). Les papes, les comtes de Provence, les Rois et les Reines de France, les ministres des autels, pénétrés de vénération pour la mémoire de Magdeleine, s'empressent de venir visiter ces lieux, d'en orner le temple, d'y fonder un monastère, auquel ils accordent des dotations, des franchises, des privilèges; pendant une suite de siècles, de pieux cénobites habitent ces lieux agrestes : leur cloche dont les sons argentins, furent si long-tems répercutés par les échos du voisinage, annonça chaque jour, à chaque heure, que des hommes adressaient à la divinité, par l'intercession de l'illustre pénitente, des vœux pour leurs semblables. Les enfans de Dominique, qui ont succédé aux premiers hermites, ont eux-mêmes, médité, pendant plusieurs siècles, dans ces forêts sacrées, sur les vanités d'un monde sur lequel ils semblaient planer ; ils y ont offert le tribut de leurs oraisons ; ils sont venus y interroger, sur les miracles dont ces lieux pouvaient avoir été les témoins, ces arbres antiques et vénérables, que les descendans de Saint Louis avaient rendus

―――――

(1) On a aussi parlé d'une grotte nommée *baoumo de Beton* qui se trouve placée au nord de l'extrémité du *baou de Bretagno*. On croit que ce fut d'abord dans cette caverne que Ste. Magdeleine commença son austère pénitence.

sacrés (1)...... Aujourd'hui, tout est solitaire et silencieux; la cloche de la colline est muette ; *le chant des cantiques a cessé*; la voix humaine ne se fait plus entendre, et des oiseaux sont les seuls habitans de la forêt du désert qui en fassent raisonner les échos (2) !....

Le berger qui garde son troupeau, l'avide bucheron dont l'existence se calcule sur la destruction des rejetons des tiges jadis inviolables, le botaniste ou le dessinateur, quelquefois le garde forestier ou le gendarme protecteur, le français, qui vient verser quelques larmes sur les ruines de ce monument religieux et national, et un hermite, enfin, à qui en est confiée la garde ; tels sont les seuls hommes qu'on rencontre dans ces lieux sauvages, excepté néanmoins le jour de la fête (3), époque à laquelle une dévotion, transmise successivement, peuple ce désert d'une foule innombrable d'individus de tout sexe, de tout âge, de toutes conditions, et particulièrement de jeunes époux mariés dans l'année. Ce pélérinage était pratiqué dans toute la Provence ; on le stipulait souvent dans les contrats, et il était rare qu'il ne s'effectuât pas, car cette omission était regardée comme devant entraîner la stérilité et comme un défaut de tendresse de la part du mari ; quelques

―――――――――――――――――

(1) Des ordonnances de nos Rois défendaient, sous les peines les plus sévères, de toucher à ces arbres, même pour les besoins de la marine.

(2) On a dit et écrit qu'il n'existe, dans ces bois, ni insectes, ni animaux vénimeux, ce qu'on ne manque pas d'attribuer à l'intercession de la Sainte ; le fait est qu'on trouve à la Sainte-Baume la plupart des insectes propres aux montagnes sous-alpines. Ils sont même en assez grand nombre.

(3) Elle a lieu le lundi de Pentecôte.

pierres placées les unes sur les autres, sont le témoignage de l'accomplissement de ce vœu; ils se nomment *Castelets* (petits châteaux); on en rencontre une grande quantité dans le bois, sur le chemin, dans la grotte, aux environs du monastère et jusques aux abords du Saint-Pilon; et on les élève communément dans le lieu même où s'est faite la station pendant les 24 heures que dure ce *roumeïrage*.

Après une demi-heure de marche, par des rampes plus ou moins roides, on arrive, par une voûte couverte et fermée aux deux issues, à une terrasse sur laquelle se trouve le bâtiment qui jadis servait d'auberge ou d'hospice pour les voyageurs : moyennant une juste indemnité on y était reçu convenablement, mais il était d'usage de n'y servir qu'en maigre, et on s'y était rigoureusement conformé jusqu'aux années qui ont précédé la révolution. (1) En face, était la porte du couvent dont nous parlerons quand nous aurons visité la grotte. On y monte par dix-huit degrés pratiqués entre les deux bâtimens, et bientôt on arrive à un portail assez large. Les effigies de François Ier et de Claude de France, son épouse, et les F couronnées qui y sont sculptés, prouvent assez que cette construction fut l'un des bienfaits de ce prince qui vint, en effet, visiter la Sainte-Baume en 1516, avec la reine et la duchesse d'Alençon, sa sœur;

---

(1) M. de Fontainieu, peintre recommandable à tous les titres, s'occupe en ce moment d'un tableau, qui lui a été commandé pour la galerie du château de Fontainebleau : il représentera la vue de la Ste.-Baume, prise du point qui précède la première entrée de la voûte. François premier et sa suite sont mis en scène dans ce paysage qui sera de l'effet le plus pittoresque.

ce qui en reste, est d'un très-bon style de sculpture et d'architecture; et les ornemens qu'on y voit, tels que des guirlandes, des arabesques, *etc.*, annoncent un goût exquis (1). En face de cette entrée, sur le parapet de la terrasse, on avait construit une petite tour où était suspendue la cloche du monastère. La grotte sert d'église et l'on assure que la Magdeleine, et postérieurement les moines qui ont habité ce désert, y ont trouvé un asile contre les intempéries des saisons. La Sainte-Baume, ainsi nommée du mot provençal *baoumo*, qui s'applique à toutes les concavités creusées par les eaux ou par toute autre cause, dans l'intérieur des rochers, a une longueur d'environ 21 mètres sur 6 de hauteur; sa largeur moyenne est de 24 mètres, et elle se divise en plusieurs pièces, ainsi que nous aurons occasion de le remarquer.

En face de l'entrée est le maître-autel placé sous un dôme jadis en marbre blanc, dont Louis XI donna les dessins sur les lieux, en 1447 (2), et fit ensuite tous les frais; le retable et ses ornemens, construits aussi en marbre blanc, incrusté de jaspe, étaient d'une exécution assez soignée; ils furent donnés par le duc de Lesdiguières, dont les armoiries s'y voient encore

---

(1) M. Poize, graveur à Marseille, a fait, de ce portail, un dessin très-soigné, et qui porte le caractère de son talent.

(2) La statue de ce Roi existe encore sur l'un des coins de la balustrade du sanctuaire. Charlote de Savoie, sa seconde femme, lui sert de pendant. Le prince y est représenté à genoux ayant le collier de l'ordre de St.-Michel, ce qui prouve que ce monument est postérieur à l'année 1469 où fut institué cet ordre. On voit aussi sur le retable des armoiries des dauphins, écartelées de celles de France; elles ne peuvent s'appliquer qu'au voyage fait par Louis XI, avant son avénement au trône.

écartelées de celles de la maison de Créqui, comme pour attester que le souvenir des bienfaits peut aussi survivre aux révolutions. Ce fut un artiste de Gênes qui fut chargé de ce travail, dont le prix est évalué à une somme considérable pour le tems. Une balustrade en marbre blanc enceint cet autel, et forme une sorte de sanctuaire.

Derrière, dans une grotte particulière élevée de deux mètres, est ce qu'on appelle le lieu de la *pénitence*, que la piété des fidèles avait fermé par des grilles de fer. Une statue de la Sainte, étendue sur le sol, attestait que c'était dans cette place même que Magdeleine avait employé tant d'années à pleurer ses fautes et à prier son Sauveur ; plusieurs ornemens précieux et entr'autres 27 lampes d'argent, étaient autant de monumens de la vénération qu'inspiraient ces lieux, jusques à ce que des furieux anéantissent tout ce qui était susceptible de destruction : la statue de la Sainte avait été mutilée avec une barbare recherche, mais on a essayé de la réparer autant que la chose a été possible.... Cette sculpture, faite en pierre de Calissanne, qu'on avait ensuite coloriée, était l'ouvrage de Pavillon, artiste d'Aix, et une inscription faisait connaître que c'était une preuve de la munificence et de la dévotion de M. Duchesne, évêque de Senez ; mais auparavant, en 1618, son frère, J.-B. Duchesne, président à mortier, au parlement de Provence, avait eu la même idée, et le don d'une statue très-médiocre en avait été la suite. Ces changemens à des époques rapprochées, avaient donné lieu à quelques personnes de penser que postérieurement elle avait été remplacée par un ouvrage du Puget, mais ce qui en reste ne donne aucune idée du talent d'un si grand maître.

Au fond du lieu de la pénitence, est une fontaine d'où jaillit une eau abondante, fraîche et limpide, que les pélerins ne manquent pas de boire, persuadés qu'elle a des propriétés toutes particulières : près d'un autel, dédié à la Ste.-Vierge, est un escalier de 22 degrés, qui descend dans une grotte inférieure, où l'on assure que demeuraient les moines avant la construction du couvent; il y existe aussi quelques infiltrations des eaux de la source supérieure. Du côté opposé, est une pièce creusée dans le roc; elle servait de chœur aux religieux. Il n'est pas besoin de dire que toutes les parties de cet édifice, formé par la nature, étaient couvertes de ces tableaux connus sous le nom d'*ex-voto* que la piété ou la reconnaissance des fidèles, consacrait en l'honneur de la Sainte (1); à défaut de peintures, plusieurs pélerins se contentaient de graver sur les rochers, leurs noms et l'année de leur visite; plusieurs et notamment les jours des fêtes, n'ont d'autre asile que la grotte; et si la dévotion les y amène, on peut observer que le respect dû aux lieux saints ne les contient pas toujours dans les bornes de la décence. Ce lieu, dans lequel on se sent pénétré d'un sentiment religieux, autant par les souvenirs qu'il retrace, que par la nature de son organisation, éprouva un commencement de dévastation dans les premières années de la révolution, mais les objets précieux en furent seuls atteints et on se contenta de changer, en une maison inhabitée, un monastère jadis florissant. La dévotion publique garantit, en quelque sorte, pendant notre lon-

---

(1) On y remarquait surtout un crocodile empaillé et suspendu à la voûte; c'était sans doute l'offrande d'un marin échappé à quelque grand danger.

que tempête politique, la Sainte-Baume et ses accessoires, de tout nouvel outrage ; ce ne fut qu'en juin ou juillet 1815, que quelques misérables, auxquels on n'ose donner le nom de soldats, quittèrent la grande route et firent trois à quatre lieues pour aller dévaster des lieux que recommandaient d'antiques et pieux souvenirs. Les portes furent anéanties ; les murs et les toits renversés ; les autels brisés ; les statues mutilées ; l'hospice et le couvent devinrent des masures, et les rochers qui forment la grotte de la pénitence purent seuls la garantir d'une destruction si honteuse pour ceux qui en furent les instrumens. Le cœur et l'esprit ne se reposent de ces pénibles idées que par la certitude que bientôt, la piété des fils de Saint Louis, des successeurs de François Ier, et de leurs fidèles habitans de la Provence, relèveront ces ruines précieuses à tant de titres.....

Il résulte de la description de ces lieux, que l'entrée de la Sainte-Baume est placée à la hauteur moyenne d'un rocher taillé naturellement à pic, et qui, depuis la grotte jusques au sommet, a une élévation de 90 mètres au moins. A environ 8 mètres au dessous de cette ouverture, est la terrasse dont nous avons parlé ; elle est assez large, et creusée dans le rocher ou naturellement ou par la main des hommes ; c'est là qu'on avait bâti l'auberge et le couvent ; dans la partie inférieure du rocher, on avait pratiqué, moyennant des terres rapportées, une sorte de jardin, où les cénobites cultivaient des légumes ou des fleurs, et venaient se promener, quand l'âge leur interdisait de plus longues courses. Ce monastère était vaste, assez bien distribué et éclairé par 9 croisées de face : son exposition au nord et son extrême élévation, car la Sainte-Baume est à une hauteur de 938 mètres au-dessus du niveau de la mer, en rendaient la température froide et vive. L'œil plonge, des croisées et de la terrasse, sur un précipice effroyable ; mais il est agréablement distrait, surtout dans la belle saison, par la forêt qui occupe la partie inférieure de la colline. On découvre, au loin, plusieurs chaînes de montagnes; et la belle église de St.-Maximin, où reposent les reliques de Magdeleine (1), forme un point de vue d'autant plus intéressant, que la Sainte-Baume n'était, en quelque sorte, qu'une annexe de ce temple et du couvent des Dominicains, qui le desservaient. Sur le nombre de 30 moines environ, dont se composait ordinairement cette riche communauté, trois étaient annuellement détachés au désert, et on les relevait lorsque le tems de leur service était expiré. La situation de ce couvent offrait quelques agrémens pendant la belle saison, mais l'hiver y était extrêmement rigoureux, et dans tous les tems, un climat trop froid était peu favorable aux personnes faiblement constituées. Il n'était pas rare, néanmoins, de voir quelques moines prendre un goût tout particulier pour cette solitude; plusieurs y ont passé leur vie et l'ont prolongée au delà des bornes ordinaires. On cite surtout un père Elie, qui mourut à l'âge de 86 ans, prétendant avoir eu d'étonnantes révélations de la Sainte. Au moment de la révolution, il y existait un religieux fort âgé, qui, très-habile en menuiserie, serrurerie et autres arts mécaniques, avait fait seul une grande partie des ouvrages qui servaient à l'usage de la chapelle ou du monastère. Hélas ! l'infortuné a vu détruire

---

(1) Elles ont été conservées intactes par les soins des habitans de cette ville, qui n'ont cessé d'y attacher le plus grand prix.

le travail de ses mains, et profaner les objets d'un culte auquel il n'avait jamais pensé, ni désiré survivre......

D'après une tradition que nous ne prétendons pas discuter, *Sainte Magdeleine*, qui s'était convertie à l'âge de 32 ans, serait demeurée un an à la suite du Sauveur et 13 avec la Ste.-Vierge en Éphèse ; elle aurait quitté Jérusalem l'an 46 de N. S. J. C., exposée dans une barque avec le *Lazare*, son frère (1) ; *Marthe*, leur sœur ; *Marcelle*, leur servante ; *St. Maximin* (2) ; *St. Sidoine* (3), les deux *Maries*, Jacobé et Salomé ; *Sara*, leur servante ; l'*Hémoroïsse*, *Eutrope* (4), *Cléon* (5), *Simon le lépreux* (6), *Joseph d'Arimatie*. Notre Sainte, protégée par la Providence, dans cette périlleuse et longue navigation, serait venue aborder à l'extrémité de la Camargue, entre les bouches du Rhône, au lieu connu sous le nom des *Saintes-Maries* ; et de là, ces disciples fidèles, répandus dans les diverses parties de la France, y auraient prêché la religion chrétienne. Magdeleine serait venue à Marseille, avec le Lazare, son frère ; (elle devait être alors âgée de 46 ans environ ;) pendant les sept années qu'elle aurait séjourné dans cette ville, sauf quelques voyages à Aix, où elle allait visiter St. Maximin, auquel elle avait été recommandée par St. Pierre, elle n'aurait cessé de se montrer digne de la noble mission qu'elle s'était imposée ; transportée en-

---

(1) On le regarde comme le premier évêque de Marseille.
(2) Premier évêque d'Aix.
(3) L'Aveugle né.
(4) Évêque de Vaison.
(5) Évêque de Toulon.
(6) Évêque du Mans.

suite à la Sainte-Baume, d'une manière miraculeuse; elle y serait demeurée le reste de sa vie, c'est-à-dire, environ 33 ans; elle serait donc morte âgée de 86 ans. On raconte que la grotte, au moment de l'entrée de Magdeleine, était défendue par un dragon que St. Michel, qui protégeait le transport, fut obligé de combattre et de chasser jusques sur les bords du Rhône; c'est là une des origines qu'on donne à la *tarasque*, monstre dont on conserve l'effigie à Tarascon. On fait remonter à ce même miracle, l'absence prétendue de la Sainte-Baume et de ses environs, de toutes les bêtes vénimeuses ou dégoûtantes, telles que les crapauds, les serpens, les araignées, les scorpions, *etc.* (1)

Cette mort toute sainte aurait donc eu lieu l'an 87; St. Maximin, qui était en ce moment à *Tegulata* ou *Villalata* (2), aurait été le Pontife dont Magdeleine, à son heure suprême, reçut les derniers sacremens; car elle avait été transportée de la Sainte-Baume dans cette ville. Un magnifique tombeau lui fut érigé, et sa mémoire y a été toujours révérée; mais il paraît que ce monument disparut pendant plusieurs siècles, c'est-à-dire, depuis les ans 700 ou 716, célèbres par les

---

(1) Les serpens, les crapauds, les lézards, sont, à la vérité, assez rares à la Sainte-Baume. On y trouve cependant la vipère commune, la couleuvre à collier (*coluber natrix*), la grenouille commune (*rana esculenta*), le lézard gris (*lacerta agilis*); les araignées y sont assez communes et particulièrement la tarentule (*lycosa tarentula*, de Latreille), la pionnière (*mygale fodiens*, Walck.) Un naturaliste digne de foi atteste n'y avoir jamais rencontré de scorpions ni de millepattes. Ces insectes, justement réputés vénimeux, doivent pourtant habiter cette montagne.

(2) Noms anciens de la ville de St.-Maximin.

invasions des Sarrasins, jusqu'à l'invention de ces reliques, faite sous Charles II, comte de Provence.

La Sainte-Baume avait eu sa part dans cette vénération publique, si soigneusement conservée parmi les fidèles; car Maximin y fit ériger une effigie représentant la Sainte couchée, et en confia la chapelle aux soins des disciples de Cassien, qui s'était établi dans un lieu voisin, dont le nom est encore celui de ce saint hermite. Cette tradition s'appuye sur plusieurs écrits, tels qu'un ouvrage du quatrième siècle, écrit par Lucius-Dexter, qui avait été lié avec St. Jérôme, et ne revoque pas en doute l'exil de la Sainte et sa venue en Provence; on cite encore une ordonnance, dressée par Desiderius, évêque de Toulon, et renouvelée par lui en 572, tendante à prouver que Cléon, qui avait occupé le premier le siége de cette ville, avait été banni et exposé sur les eaux avec Magdeleine et d'autres chrétiens, dont le voyage s'était heureusement terminé à Marseille; un moine nommé Sigibert confirmait ces faits en 743. A ces témoignages, la critique en oppose d'autres, sans doute, et même le silence de plusieurs graves écrivains, nous ne l'ignorons pas; mais notre but, en ce moment, est de montrer que depuis la mort de la Sainte jusques à la découverte de ses restes, on n'avait jamais laissé perdre le souvenir de son séjour à la Sainte-Baume. Grégoire VII, en 1079, voulant punir le relâchement des religieux de Saint-Cassien, chargea l'abbé de Saint-Victor de les remplacer par des Bénédictins; ceux-ci y demeurèrent jusques en 1280, époque à laquelle Charles II, prince de Salerne, et depuis comte de Provence, y établit définitivement les Prêcheurs ou Dominicains. C'est à ces tems, et à la munificence de ce prince, qu'il faut rapporter la construction du couvent de la Sainte-

Baume et de toutes les parties de la grotte susceptibles d'être perfectionnées par la main des hommes.

On sait qu'en 1279, on avait découvert à Saint-Maximin, le corps de Sainte Magdeleine, déposé dans un tombeau de marbre; il renfermait un billet recouvert de cire, sur lequel on lisait ces mots: « *Hic requiescit corpus divæ Magdalenæ.* » Et de plus un rouleau de parchemin sur lequel était cette inscription latine: «*Anno nativitatis Dominicæ* DCCXVI
» *mense decembri in nocte secretissimâ, regnante*
» *Odoino piissimo Francorum rege, tempore infestatio-*
» *nis gentis perfidæ Sarracenorum, translatum fuit hoc*
» *corpus carissimæ et venerandæ Mariæ-Magdalenæ*
» *de sepulchro suo alabastri, in hoc marmoreum ex*
» *metu dictæ gentis perfidæ Sarracenorum, quia secu-*
» *riùs est hic, ablato corpore Sidonii.* »

« L'an 716 de la nativité de Notre-Seigneur, au mois
» de décembre, régnant Odoin, roi de France, du
» tems des ravages des perfides Sarrasins, le corps
» de Sainte Magdeleine a été transporté très-secrète-
» ment pendant la nuit de son sépulcre d'albâtre en
» celui-ci de marbre, pour le dérober aux Sarrasins,
» car il est plus en sûreté dans le tombeau où nous
» l'avons mis, et dans lequel reposait le corps de Sidoi-
» ne que nous avons ôté. »

Nous savons que 12 ans auparavant, les religieux de Vezelai en Bourgogne, diocèse d'Autun, avaient prétendu aussi avoir trouvé le corps de cette même Sainte, et Saint Louis honora de sa présence les cérémonies auxquelles avait donné lieu cette invention. Remarquons toutefois, que ce Monarque, à son retour de la Terre Sainte, en 1254, avait aussi visité la Sainte-Baume et y avait donné des marques de sa dévotion, ce qui prouve que dans la suite des ans qui ont précédé la découverte des reliques, la tradition existait d'une manière non contestée. Nous ne pouvons ignorer, cependant, que bien moins encore par suite de la découverte faite à Vezelai, que par diverses autres considérations développées dans leurs ouvrages, des historiens respectables, dont quelques-uns ont été revêtus du caractère sacerdotal, ont contesté la venue de Magdeleine en Provence ainsi que son séjour à la Sainte-Baume, et ont prétendu, par conséquent, que l'inscription citée s'appliquait au corps de quelque pénitente célèbre, portant le même nom. Ils se sont fondés relativement à l'inscription, sur ce que Eudes n'avait régné en France qu'en 888, et c'est ce qui a déterminé Bouche à rapporter à cette époque, l'écriture du billet, quoique d'ailleurs sa date soit positive et qu'une des premières invasions des Sarrasins ait eu lieu dans les premières années du huitième siècle (1), quoiqu'enfin, il soit vraisemblable que *Odoin* ou *Eudes*, dont il est question ici, puisse être *Eudes, duc d'Aquitaine* ; ce personnage, qui avait rendu de grands services à Charles-Martel, notamment en combattant et chassant les mêmes Sarrasins, avait été autorisé à prendre le titre de Roi en Provence, et Grégoire II, par les mêmes motifs, le qualifiait de *Roi très-pieux, très-religieux*. On a aussi pensé, et cette opinion paraît assez raisonnable, qu'une religieuse du nom de Magdeleine, ayant été obligée de quitter son couvent pour se soustraire aux fureurs des Sarrasins, pouvait s'être retirée à la Sainte-Baume, y avoir vécu plusieurs années et y être morte en odeur de sainteté ;

---

(1) Charles-Martel, remporta sur les Sarrasins la bataille de Tours en 725.

circonstances qui, aidées de ce penchant au merveilleux, dont sont susceptibles à un si haut degré les imaginations méridionales, ont fait facilement confondre deux personnes du même nom ; quoiqu'il en soit, il n'entre pas dans nos vues, nous le répétons de nouveau, de prendre un parti dans cette controverse et de faire, sur ce point litigieux, une dissertation en forme ; laissant ce soin à des mains plus habiles et plus exercées, nous devons nous borner à consigner des faits, des traditions écrites ou orales, des notions même, qui peuvent se rattacher à la description ou à l'histoire de la Sainte-Baume, et à les présenter dans une notice succincte.

Depuis le culte rendu à la mémoire de Sainte Magdeleine par Charles II, on voit successivement la plupart des comtes de Provence, *Robert*, le Salomon de son siècle, *Louis* II, *Louis* III, et *René*, visiter et révérer la Sainte-Baume, à l'exemple de l'un des princes les plus distingués de cette illustre maison d'Anjou, qui occupa pendant tant d'années le trône de Naples. René, dont le souvenir se conserve si religieusement en Provence, ordonna en 1448, peu après les recherches faites aux Saintes-Maries, une vérification des reliques trouvées à Saint-Maximin ; et le cardinal de Foix y assista, comme commissaire délégué par le Saint-Siége, qu'occupait alors Nicolas V.

Parmi les rois de France qui sont venus visiter la Sainte-Baume, on peut en citer plusieurs : Jean I*er*, qui fit en 1362 un voyage à Avignon pour y voir le Pape Urbain V ; Charles VI en 1389, lorsqu'il vint dans cette dernière ville pour assister au couronnement de Louis II, comte de Provence ; Louis XI, qui n'étant encore que Dauphin, vint en Provence avec Marie d'Anjou, sa mère, sous prétexte de visiter la Sainte-Baume et les reliques de Sainte Marthe et de Sainte Magdeleine, dont le roi René faisait alors faire la recherche, mais auquel on supposa, en réalité, une arrière pensée sur notre province, dès-lors convoitée par la cour de France : on sait que trop souvent ce prince cacha sous de pratiques religieuses et même superstitieuses, des vues d'une politique profonde ; Anne de Bretagne, épouse de Charles VIII et ensuite de Louis XII : elle y vint en 1503, et donna une effigie en or émaillée, qu'on a conservée jusqu'à nos jours ; François Ier en 1516, lorsqu'il revint d'Italie ; rien n'atteste néanmoins que ce prince ait visité en personne la Sainte-Baume, mais Louise de Savoie, sa mère, Claude de France sa première femme, la duchesse d'Alençon sa sœur, ne craignirent pas de gravir la montagne ; en 1533 Eléonore d'Autriche, deuxième femme de François Ier, entreprit ce même pélerinage avec le dauphin, depuis Henri II, et les ducs d'Orléans et d'Angoulême ; Charles IX, lorsqu'il vint en Provence, en 1564, avec le duc d'Anjou son frère, depuis Henri III et le roi de Navarre (Henri IV) ; ces princes avaient visité les villes d'Aix, Marseille, Toulon, Hières, Sollier, Brignoles, Saint-Maximin, Arles ; Louis XIII, étant venu soumettre les religionnaires, du Languedoc, poussa sa course jusqu'en Provence, en octobre et novembre 1622 ; enfin, Louis XIV en 1660 ; ce monarque étant venu à Marseille par suite de quelques troubles, continua sa tournée jusques à Toulon, Hières, et fit un voyage de dévotion à Notre-Dame de Grâce, près Pignans. On sait que la reine Anne d'Autriche sa mère, y avait fait faire une neuvaine, 18 années auparavant, lorsqu'après une très-longue stérilité, elle donna un fils à Louis XIII et un grand roi à la France ; cette princesse, qui, avec le roi et son frère le duc d'Anjou, était du voyage de Provence, vint aussi visiter ces lieux sacrés pour elle, mais quelques jours auparavant, les 4 et 5 février, ces augustes personnages étaient venus à Saint-Maximin et à la Sainte-Baume, rendre un pieux hommage à la mémoire de Magdeleine. Ce fut devant eux qu'on procéda à une nouvelle vérification de ces reliques ; on examina de nouveau les écritures découvertes sous Charles II ; des copies authentiques en furent prises, et ces restes précieux, vénérés, ayant été placés dans une chasse, le roi fit briser devant lui les clefs des serrures ou cadenats qui en garantissaient l'inviolabilité, réservant à l'autorité souveraine seule, le droit de les ouvrir de nouveau.

Les incendies n'ont pas épargné les bâtimens de la Sainte-Baume ; on en cite deux : l'un en 1442, qui donna lieu à une bulle du Pape Eugène IV, par laquelle il exhortait les fidèles à contribuer au rétablissement du Saint lieu ; et l'autre, le 8 avril 1683, détruisit presque en entier l'hôtellerie qui se trouve en face du couvent.

La Sainte-Baume fut depuis les derniers jours de décembre 1610, jusques au 24 avril 1611, le théâtre des exorcismes qui eurent lieu sur deux jeunes personnes qu'on prétendit avoir été ensorcelées par Gauffridy, prêtre bénéficier en l'église des Accoules de Marseille. Rien n'est plus curieux que le détail des discours attribués aux démons, de leurs récits sur leur existence avant et depuis leur rébellion, sur leurs noms, leurs diverses attributions, les antagonistes qu'ils ont personnellement parmi les anges fidèles ou les saints, *etc*. Pourquoi faut-il que de telles scènes, au récit desquelles on peut se demander si les acteurs pouvaient être de bonne foi, aient été suivies de la condamnation au feu et de l'exécution d'un homme auquel on avait sans doute des faits graves à reprocher, mais dont la procédure et l'arrêt seuls prouveraient qu'il était innocent des crimes pour lesquels il fut condamné (1) !

Après avoir visité la Sainte-Baume, on ne manque guères de gravir jusques au Saint-Pilon ; le chemin tracé dans le rocher et sur les bords duquel on rencontre plusieurs oratoires d'une construction assez soignée, où étaient représentées en peinture ou sculpture des actions de la Sainte, devient plus rude, à mesure qu'on arrive au sommet de la montagne ; c'est là, presque perpendiculairement au couvent, qu'exista long-tems un pilier surmonté d'une statue de la Magdeleine ; il fut élevé par les fidèles en mémoire de ce que pendant son séjour à la Sainte-Baume, elle était portée sept fois chaque jour dans ce lieu par les Anges, expression allégorique qu'on peut aussi expliquer par la ferveur de l'illustre pénitente. Ce monument fut remplacé postérieurement par une chapelle petite, mais d'un bon goût, dont la forme carrée et le dôme qui sert à l'éclairer, rappellent assez les *sacellum* des anciens. L'autel est en marbre de diverses couleurs, assez habilement mélangées ; le marbre blanc, les brèches

---

(1) Louis Gauffridy fut brûlé vif à Aix le 30 avril 1611. Voyez pour les détails de cette malheureuse affaire un ouvrage intitulé : *Histoire admirable de la possession et conversion d'une pénitente*, etc., imprimé à *Paris*, chez *Charles Chatelein, rue Saint-Jacques*, etc., 1614. Le titre de l'ouvrage annonce seul combien sont curieux les faits qui y sont traités. Il est devenu fort rare, parce que le clergé, plus éclairé aujourd'hui, a senti que de tels livres ne faisaient pas moins de mal à la religion, que la plupart de ceux qu'on a dirigé contr'elle.

de *Nans* ou du *plan d'Aups*, dont le fond est rouge nuancé de jaune et de blanc, les marbres port-or, formé d'un mélange de grains jaunes encastrés sur un fond noir, tels qu'on les tire des carrières d'Ollières, avaient fourni à l'artiste, des moyens de mettre en œuvre la minéralogie de ces montagnes (1). Au lieu de tableau on voyait sur l'autel une statue en marbre blanc ou en albâtre, représentant Sainte Magdeleine, avec ces longs et beaux cheveux, qu'un miracle lui départit, dit-on, si abondamment, pour suppléer à ses vêtemens. Ce travail, si l'on en juge par ce qu'il en reste, n'était pas sans mérite dans les détails d'exécution, quoique le dessin en fût faible et trop maniéré; mais il fut en grande partie mutilé pendant nos orages politiques.

Rien de plus magnifique que le spectacle qu'on découvre autour de soi, c'est-à-dire, à une hauteur de plus de mille mètres au-dessus du niveau de la mer; le territoire de Marseille, l'étang de Berre, la Crau, le cours du Rhône et les Montagnes du Languedoc, à l'ouest; au sud, un immense horizon de mer, sur lequel se dessinent l'île Verte et le Bec-de-l'aigle, l'emplacement de l'antique Tauroentum, près

---

(1) L'intérieur de la chapelle du St.-Pilon fut restauré et orné de marbres, par les ordres d'Eléonor Catherine Ebronie de Bergues; épouse de Frédéric-Maurice de Latour d'Auvergne, prince de Sedan. En revenant d'Italie, en 1647, elle fit cette pieuse fondation; mais cet ouvrage ayant été interrompu, le cardinal de Bouillon, grand aumônier de France, fils de la donatrice, le fit reprendre en 1686. Une inscription placée extérieurement sur la porte en faisait mention; on voyait aussi au fond de la chapelle deux écussons sur lesquels étaient les armes de La Tour d'Auvergne et de Bergues.

de la Ciotat, le cap qui couvre Toulon de ce côté, la rade d'Hières, et au loin les montagnes de Corse, tandis qu'à ses pieds on voit se déployer la route de Toulon à Marseille, à travers les territoires de *Cuges*, du *Bausset*, de la *Cadière*, etc.; sur cette ligne, à la montagne de *Coudon*, près Toulon, viennent se rattacher les chaînes des Maures sur lesquelles on distingue si bien la chapelle de *Notre-Dame des Anges*, près *Pignans*; et plus haut les montagnes *sous-alpines* qui commencent à *Bargemont*, et qui, par un amphithéâtre dans lequel on remarque *Lachen*, *Cheyron* et le *col de Tende*, vont se terminer au *mont Viso* et aux *Hautes-Alpes*, en dessinant la vallée où coule le Var; au nord, enfin, une autre chaîne des *Basses-Alpes*, liée à la *Sainte-Victoire* et au *Lebéron*, au pied duquel un brouillard indique le cours de la *Durance*, conduit jusques à la montagne de *Lure* et au *mont Ventoux*, toujours couronné de neige, et un œil vif et exercé distingue fort-bien les lieux où Pétrarque soupirait, pour la belle *Laure*, des vers dont le charme est venu jusqu'à nous (1).

Le Saint-Pilon semble être le centre d'un superbe panorama, dans lequel se dessinent, sous le ciel le plus brillant, dans l'atmosphère la plus pure, aux regards du voyageur tournant sur soi-même, la Provence avec ses côtes et ses montagnes; ses rivières et ses torrens; ses monumens et ses souvenirs; ses rochers arides où croissaient jadis de si belles forêts; ses coteaux et ses vallées, où la main des hommes laborieux qui les ha-

---

(1) Pétrarque a fait une description en vers de la Ste.-Baume, et il l'adressa à Philippe de Cabassole, cardinal, évêque de Cavaillon.

bitent, font fleurir une agriculture digne d'attention et d'encouragement. Sur une roche latérale, qu'on nomme montagne de Saint-Cassien, on remarque un pic, désigné sous le nom de *pointe des Béguines* ; on y est à 1200 mètres au-dessus de la mer, c'est-à-dire, 200 mètres plus élevé qu'au Saint-Pilon. C'était là que Saint Cassien et ses compagnons avaient établi leur hermitage, jusqu'au moment où ils furent mis en possession de la Sainte-Baume ; après eux, il s'y établit un monastère de religieuses, dites Cassianites, et c'est d'elles que ce lieu a pris le nom de *Béguines* : ce couvent fut transféré *à Saint-Zacharie*, au commencement du 13.º siècle, et prit postérieurement la règle de St. Benoît.

Remarquons que c'est à St. Cassien qu'on fait remonter la fondation de plusieurs anciennes abbayes, telles que celles des religieux de St.-Victor ; des dames de St.-Sauveur, nommées antérieurement de *St.-Cyriacus*; d'une autre maison qui, comme la précédente, fut ravagée par les Visigots ou les Sarrasins, et dont les habitantes, à l'exemple de Sainte Eusébie, se défigurèrent pour se soustraire aux outrages dont elles étaient menacées (1).

Quelques personnes ont cru voir, à la roche des Béguines, les traces d'un volcan qui aurait fait en ces lieux une violente éruption ; l'existence de substances assez semblables à des laves poreuses a pu donner lieu à cette assertion ; mais elle est démentie par le résultat des recherches de tous les naturalistes. On y trouve deux grottes

---

(1) On nomme encore *les Denarrados*, *les femmes sans nez*, une masure située sur les bords de l'Huveaune, où l'on présume qu'était ce monastère.

assez curieuses ; l'une placée perpendiculairement sous la pointe, est fort spacieuse ; l'autre, connue sous le nom de *grotte des Œufs*, renferme des stalactites et des congélations brillantes et diversifiées, qui font de ces lieux souterrains un palais enchanté, quand on y pénètre à la lueur des flambeaux.

Nous avions vu tout ce qui existe encore d'intéressant à la Ste.-Baume et dans les environs ; nous étions pleins des souvenirs que ces lieux inspirent. Le soleil était déjà loin de cette hauteur où du Saint-Pilon nous l'avions admiré au centre de l'horizon le plus pur et le plus vaste, et les ombres, qui s'étendaient sur la Sainte-Baume, nous avertissaient qu'il fallait terminer un pélérinage si intéressant.

Cet écrit en est le complément ; il a été dicté par l'intention de faire connaître des ruines si vénérables, des lieux si éminemment pittoresques ; mais surtout par le désir d'exciter de l'intérêt pour les monumens qui furent si long-tems l'objet de la vénération de nos rois et de nos pères. Puisse-t-il, à ces titres, trouver quelque indulgence auprès des personnes qui voudront bien le parcourir !....

A MARSEILLE,

De l'imprimerie de Jh.-Fs. Achard, boulevart du Musée.

M DCCC XVIII.

Contraste insuffisant
NF Z 43-120-14

www.ingramcontent.com/pod-product-compliance
Lightning Source LLC
Chambersburg PA
CBHW060634050426
42451CB00012B/2578